JN417778

창조문학대표시인선· 271

살아온 날도, 살아갈 날도 아닌

심갑섭 시집

창조문학사

□ 시인의 말

달리는 기차를 바라만 보는 것은 정겹다. 기차에 앉아 창밖을 쳐다보는 어깨위로 삶의 무게가 짓눌려 내려도 멀리서 바라보는 풍경은 한 폭의 그림일 뿐이다. 풍경을 바라보던 내가 풍경 속으로 들어가는 날, 나는 풍경의 일부가 되고 풍경과 함께 사라질 것이다. 그리고 아무도 그 차이를 눈치 채지 못할 것이다.

이제 겨우 세 번째 스물을 지났다. 아직 청춘이다. 네 번째 스물이 오면 그때도 청춘이다. 신의 영역에 도전하는 자는 양초날개가 녹아도 다시 태양을 향할 것이다.

나의 시지푸스는 산꼭대기에 도달해도 머물기를 거부한다. 산 정상까지 올린 돌을 굴려 내리는 것은 신이 아니다. 시지푸스 스스로 돌을 굴려 내려 또 다시 땀을 흘리며 오르는 것이다. 나에게 천국은 과정이자 스스로 만드는 결과이다. 한계에 부딪혀도 한계에 머물지 않고 한계에 도전하는 순간, 한계는 특권이 된다.

땀을 흘리며 스스로 천국을 창조하는 자는 영원한 생명이자 젊음이다. 밟혀도 반항하지 않는다면 시체다. 세상이 다 침묵해도 불의에 맞서지 않는다면 초라한 영혼이다. 기꺼이 산 정상을 버리고 돌을 굴려 내리는 시지푸스가 되자.

어떻게 살아야 타인의 가르침을 바르게 배워서,
자신이 배운 지식을 토대로 스스로 판단을 할까?
얼마나 살아야 자기가 옳다고 생각하는 일을
행하는 사람이 될까?
생은 그때까지 기다려 줄까?
잎새로 태어나 낙엽으로 지다가
거름이 되는 봄을 예비할 수 있을까?
머지않아 촛불이 꺼진다
사소한 것 하나도 놓쳐서는 안 될 일이다
낡고, 닳고, 헤지고, 늙고, 무뎌져도
사리만은 분별했으면 한다.
꼭 그랬으면 한다.
명심하자.
변하지 않는 단 한 가지는,
'모든 것은 변한다'는 사실을…
사라진 후에도 찬란할 수 있는
청춘을 살자.

살아온 날도, 살아갈 날도 아닌

심갑섭 시집

| 차 례 |

제1부

제2부

제3부

살아온 날도, 살아갈 날도 아닌
심갑섭 시집

제4부

제1부

2020년을 열며

화선지에 먹물이 스미듯
갯벌에 바닷물이 스몄다
보이는 건 황폐한 뻘밭이었지만
묵은 땅은 더디게 기운을 차리고 있었다
이념은 좌우를 나누고
이익은 애국과 매국을 드러냈다
안중근, 윤봉길 그리고 무명의 의병들이
목숨을 바친 한반도는
자존심과 정체성을 굳건히 지켰다.
광부와 간호사, 산업역군과 파병군인들은
나라를 일으켜 세울 종자돈을 모았다
건국과 독재, 민주의 상징으로 각인된 지도자들은
과도 있었지만 공도 있었고
공도 있었지만 과도 있었다
결국 IMF로 국제 금융 사냥꾼의 표적이 되었지만
서민들은 금반지를 모았고
다시 일어서리라는 의지를 불태웠다
5. 18 민주항쟁과 촛불혁명은
세계를 향한 자유와 민주의 횃대가 되었다
일본은 2019년에 경제침공을 시도했지만
대한의 청년들은 일본 불매운동을 앞장서 이끌었다

이제는 한국의 자동차와 스마트 폰
그리고 LNG 선박이 세계를 누비고 있다
백범 김구 선생의 통찰은 한류열풍을 일으킨
후손들에 의해서 문화강국의 길을 개척했다
길은 험했고 안팎으로 장애물도 많았다
어느 시대, 어느 곳에나 쓰레기는 존재한다
우리 모두 쓰레기를 방치하지만 않으면 된다
모국이 나를 위해 해준 게 뭐냐고 불평하기 전에
내가 모국과 국민을 위해 할 게 뭔지를 돌아보자
2020년이 밝았다
향후 10년 동안 대한민국은
제 2의 기적을 꽃피울 것이다
이에 동참하는 재외동포가 되자.

새날

무질서와 혼돈이 가득한 곳
목청껏 외쳐도 무거운 침묵만
맴돌던 텅 빈 공간에
한 줄기 광음이 태초를 일깨운다
바람이 휘몰아치자
파고는 그 날카로움을 더하고
먹구름은 폭우를 재촉한다
어둠을 뚫고 대지를 두드리는
단타적인 음결이 들려온다
강렬하고도 부드럽게
리듬은 허공에서 춤추듯 요동치고
마침내 그 춤사위에 스미듯
어둠과 빛은 서서히 어우러져
새로운 화음을 잉태한다
파도는 벼랑 끝 바위에 부딪혀
산산이 부서지고
터질 듯한 벅찬 감동이 육지를 향한다
알알이 토해 낸 수억의 물방울은
창공에 찬란히 흩뿌려지고
총총한 별이 되어 반짝인다
그곳에는 선과 악이 존재하지 않고

빛과 어둠이 다투지 않는다
오직 하나의 찬란한 오케스트라가
하늘의 영광을 노래하리니
새 하늘과 새 땅이어라.

봄이 오는 길목

벼이삭 잘리고 나락 널리면
땅벌레와 새는
논바닥에 남은 가을을 줍고
대지는 긴 겨울잠에 든다

농부는 날 짐승을 잡아 몸을 보하고
땅을 다독여 줄
농기구를 손질한다

목련은 꽃등을 켜고
복사꽃 흩날리는데
오랜 병마를 떨친 이는
생의 찬연한 기쁨을 안다
가슴 설레이는 봄을.

오래된 풍경*

긴 그림자 들판에 누워있고
시골길이 소 걸음으로 어슬렁거린다
새 한 마리 없는 논에
벼 나락만 무심히 고개 숙이는데
텅 빈 마을 어귀를 내다보는 낡은 집이
귀를 쫑긋 세우고 수심에 잠긴다

뜨락에 쌓이는 고요
떠난 사람 바라보던 싸릿문은
닫힌 적이 없다
아궁이 구들장은 허기가 지고
피어오를 연기도 없는 굴뚝엔
바람만 서성인다

어두운 샛길로 새벽이 스며들고
어쩌다 문이 흔들리면
꺼져가는 불씨에 불을 지피듯
다시 피어나는 그리움
밤새 뒤척이는 노인의 잔기침에
봄이 머뭇거린다.

*제21회 재외동포문학상 시부문 대상작

한 오백년

전주 한옥마을 골목길
담벼락 자투리땅에
분꽃 활짝 피었는데
개구장이들은 기척이 없고
한 낮의 별마저 졸음에 겨웁다

세월은 무심하게 내려앉고
경기 전 뜰 안의 대나무 숲은
죽창이 되지 못한
조선왕조가 부끄러워
여지껏 흔들린다

다시는 이 땅에 피 흘리지 마라
다시는 전쟁의 희생양이 되지 마라
대한 국민이여
다시는 돌이키지 마라.

이브의 사과

출렁이는 갈대밭
이내 드러눕자
석양 붉게 물들고
어스름 달빛아래
속삭이는 밀어

매끄럽게 스미는
갈매기 발자국
파도에 뒤 엉키는
해변의 모래사장
그 풍경 참 곱다

다시 청춘

높은 산 깊은 골에 눈이 쌓인다
죽은 듯이 견디는 수밖에
섣불리 일어섰다간 얼어 죽기 십상이다
고드름 우는 심사 모르는 바 아니지만
참고 기다리면 동장군도 지칠 때가 온다

기나긴 산고 끝에 강이 불룩한 몸을 풀면
드러누운 풀잎도 허리를 편다
나른한 햇살이 양지바른 언덕에 앉으니
흙속의 씨앗이 자궁을 열고
푸르름이 기지개를 켠다

잠잠하던 산과 들이
일순간 들불처럼 밝아오자
개미떼의 행군에 대지가 들썩인다
세상은 혁명을 꿈꾸기 시작하고
다시 청춘이다.

햇살 눈부신 날

삶의 무게로 오롯이 각인된
이부자리가 결연히 일어선다
안으로 켜켜이 쌓인 고뇌
소매 떨치듯 앙금을 털어낸다

아스라이 흩어지는
바람속 생의 티끌
구겨진 시련일랑
낡은 허물을 벗는다

쏟아지는 햇살에
어제를 헹구고
오늘을 다림질한다

결혼축시

시간보다 더 긴 시간을 지나고
인연보다 더 긴 인연을 거쳐
하나의 행성이 우주에 탄생한다

은하수에 푸른 희망을 매달고
사랑이 꽃피고 열매 맺기까지
꼭 잡은 두 손을 놓지말자

출렁이는 밀물에 사랑을 채우고
잔물결 썰물에 갈등을 보내며
추수의 그 날까지 땀과 눈물을 담자

설레임과 고난을
한 땀 한 땀 정성껏 바느질하며
아름답게 여물고 함께 저물자

서로를 향한 황홀한 전율로
둘이 하나가 되는 축복을 누리고
하나이며 둘로 사는 기쁨을 나누자

나를 부끄러워하지 않는 너로 인해

너의 너 됨을 부러워하고
나만이 연주하는 악기로
너만이 부르는 노래가 되자

언제나 그 자리에 그 눈길 머물고
긴 세월 묵은 항아리처럼
마음 편한 둥지를 틀자

너의 뿌리로 나 열매 맺는 날
달콤한 과즙을 너에게 건네며
세상을 밝히는 거룩한 이름이 되자

너의 아내는 네 아이들의 어미가 되고
너의 남편은 네 아이들의 아비가 되자

이제 망망대해를 향해 닻을 올리자.

한글예찬

기러기 줄지어 사뿐히 내려앉고
바다 저 멀리 수평선 끌어당겨
들판을 지키는 아름드리 파수꾼
그 아래 보듬은 충만한 생명
ㅅ
ㅡ
ㅣ
ㅍ
날렵한 지붕 아래
대들보 반듯한 자리를 펴고
우뚝 선 정 중앙 듬직한 기둥
그 안에 가득 품어 낸 세상 .

바람

빗물처럼 강물처럼 바다에 닿는다
숨결 따라 파도가 인다
살랑이는 물결위로
스쳐가며 소식을 전한다
기쁨은 남겨두고 슬픔은 가져간다
언제 떠났는지 모르나
어디선가 바람이 크게 요동친다면
필시 슬픔을 끌어안고 흐느끼리라

바람과 나무가 노니는 줄 알았는데
힘든 일을 겪고서야
살기 위해서 내어 맡긴
나무의 흔들림이 애처롭다
무심코 휘두르는 풍파에도
멍드는 여린 심사
내가 아프니 모두가 아프다

보이지 않는 손이 토닥인다
그 손길 멈추는 날
함께 길을 나선다
나도 바람이 된다.

쓰레기 공화국

사라지기를 거부한 플라스틱은
땅과 바다의 숨통을 막는다
불 타버린 숲의 정령
나무는 쓰러지고 동물은 쫓겨난다

아날로그가 디지털로 바뀌자
텔레비전은
수은과 납이 함유된 유해폐기물로 전락했고
처리비용이 만만치 않자
불법으로 저개발 국가에 수출한다
가난한 나라의 노약자, 여성, 아이들이
염산과 다이옥신, 납 중독에 노출되지만
부끄러움을 모르는 경제 선진국의 기업은
환경오염을 모른체 한다

북극의 빙하는 녹아내리고
남태평양 나우루 공화국은
해수면 상승으로 가라앉는다
광란의 탐욕은 위험수위를 넘었고
종말의 초침은 헐떡인다.

젊음의 초상

교회 주차장을 향하던 어느 여름
한 젊은이가 나뭇잎을 후려치며 소리 지른다
'사람이 그럴 수도 있지, 너는 실수 안하고 사냐!'
성난 만큼이나 걸음은 빠르고
아내인 듯한 여자는 대꾸 없이 좇는다
그들의 간격만큼이나 떨어져 뒤 따르던
초등학생인 듯한 큰 딸이
갑자기 뒤돌아서자
슬픈 얼굴을 보고 말았다
둘째인듯한 남자아이는
길을 벗어나 나무 뒤로 숨고
어린 막내는 그 곁을 맴돈다

한 주가 지나고
한 가족 다섯 명이
한 방향
한 속도로 옹기종기 걷는다
나는 젊은 날을 회상하며
혼잣말로 응원한다
'미리 흔들어가며 쌓는 돌담은
폭풍에 쓰러지지 않는다'고.

한 여름 밤의 꿈

깨어진 그릇
매끈하게 다듬어
한적한 골목길에
넉넉하게 금을 긋고
중지로 튕겨내면
평평한 땅위로
사금파리 내달린다

땅 따먹는 재미에
해가 저물다가도
대문 밖 엄마가
부르는 소리
사금파리 팽개치고
달려간다
집으로.

분수

모자라면 메꾸려고 애써도
과분한 것을 멈출 생각은 없다
부족한 건 채우려고 해도
넘치는 걸 그만 둘 겸손은 없다

물이 적으면 가물고
많으면 홍수다
적으면 걱정
많으면 투정

내가 그렇다

게으른 생각

수많은 중세 예배당
긴 세월이 흘러도 거대하다
순례의 행진은 끊임없이
경건하게 무릎 꿇지만
돌 벽 뒤에 묻힌 피눈물과
분노의 절규는 듣지 못한다
그 많은 시간과 정성을 들여도
무지와 지배는 평행선이다
무리를 통제하는 데 있어서
종교라는 도구가 시들고 있지만
어차피 그게 아니라도
또 다른 쓸데없는 짓에
열중했을 것이다
사람들은 빠르게 변하는 세상을
뒤쫓기 급급해서
생각 할 겨를조차 없으니
돌을 쪼개던 석공은 그 기나긴 수고를
스스로 비웃을 뿐이다.

베이스캠프

심장이 터질듯 아가미 헐떡이며
죽기를 각오하고
물 밖에 나온 전설의 파충류가
신들의 산을 기어오른다

용기를 객기처럼 부리는 자도
바람이 갈기를 날리는
금지된 영역에서는
무릎이 꺾인다

신들과 맞 짱 뜰 배짱만이
눈 덮인 산에서도 꽃을 피우듯
미지의 자신을 탐험하는
인생의 베이스캠프

각자가 하나의 산인 것을.

자존감

원래 존재하는가
스스로 만들어 가는가
지식이나 재물, 명예나 평판
가진 자의 여유나 관용
소위 뒷심이 있다거나 좋은 빽
이것들이 사라진 후에도
묵묵히 홀로 서 있을 수 있는가
믿을 만한 여지가 남아 있지 않아도
여전히 믿는 구석이 있는가
모든 세대의 대다수 인간이
똑같은 비난을 쏟아 부어도
개의치 않을 만한 철학이 있는가
관습과 전통에 익숙한 길을 거절하고
자신만의 길을 갈 수 있는가
사방이 흑암에 포위당해도
저항할 수 있는 불씨를 가졌는가
허물이 다 벗겨져도
새 살 돋는 생명을 품었는가
두려움의 실체가 자기라는 것을 알 때
자신으로부터의 도피를 멈출 수 있는가
모든 허상을 거두어도

보여줄 수 있는 실상이 있는가
에덴을 기꺼이 거절하는 순간이
인간의 시작이고 존재여야 하는
이브의 고뇌를 지녔는가

자기 자신

평생
헤매다가
마침내 찾았다
자기가
신인 것을

세월이 흐르고
깨달았다
나는
나를
살 것이다.

내가 나를 떠나는 날

세상일이라는 게
가까이서는 못 봐도
멀리서는 보이듯이
당사자는 복잡해도
남이 보면 단순하다

그처럼 살아왔으니
그리 사는 게
그렇다고 해도
그렇게 죽기는 싫어서

떠나는 날 만큼은
내가
택하리라
……
싶다.

제2부

나무

1.
비바람에 눈보라
살얼음 추위와 어둠
눈 녹아 질퍽이는 흙탕길
더는 감출 것 없는 가난한 세월
침묵으로 일관해 온 산천의 초목
앙상한 가지에 새순이 돋고
잎새 파릇파릇 물든다

새가 날고 구름 흘러가는데
언제나 그 자리다
보이는 건 담담한 풍경
일상의 무료함이
새로운 순간일 때
바라보던 나도
그 품에 잠긴다.

2.
꿋꿋이 선 채로
식솔 많은 잔가지를
보듬고 있자니

팔이 아프다
바람마저 수시로 흔드니
여린 결심을 다지기 쉽지않다
애써 버티기 보다는
차라리 넘어지는 게 편할듯 싶지만
바람나면 패가망신한다고
귀에 못이 박히도록 들어온 터라
파란 잎새 푸른 하늘 닮을 때까지
견뎌본다.

3.
묵묵히 서 있는 구도자는
세상이 얼어붙는 한 겨울에
오히려 옷을 벗어 세상을 덮는다
모두가 아는 이 감사를
가장 큰 혜택을 받는 사람만 모른다
자라는 데 오십년
자르는 데 오분
그 긴 정성을
그 짧은 생각으로
분별없다.

4.
씨앗 한 톨 떠돌다가
땅 속 어둠을 두드리니
물이 고이고 흙이 빗장을 푼다

해가 내리쬐면
갈증은 생사가 달린 일인지라
새벽이슬 한 방울도 놓칠 수 없다

산다는 게 그토록 절실했기에
가녀린 뿌리가 단단한 땅을 딛고 서면
새가 날아들고 바람도 쉬어간다
두툼한 낙엽 속 이부자리에서는
벌레들 짝짓기에 땅이 들썩인다

한 그루의 나무가 그늘을 드리니
온 마을이 둘러앉아 땀을 식힌다.

50년 된 나무의 목재 값이 590달러라면 한 그루의 나무가 50년간 인간사회에 주는 혜택은 목재 값의 33배에 달한다고 미국의 생태학자인 밀러교수가 말했다.

수박

푸른 바다
파도치며
출렁이려나

쪼개 보니
붉은 태양
물에 잠겼네.

생각해보니

길을 걷다가
멋진 여인과
마주치면
그녀의 남자가
부럽다

생각해보니
난
내가
참
부럽다

사랑 때문에

평소
눈 안 팔고
잘 지냄

가끔
한 눈 팔지만
한 눈만 팔음

소심해서
두 눈 다
팔지는 못함.

신 일본제국

체르노빌 원자력 사고 때
8천 킬로미터 멀리 있는 일본이
“소련, 정보 내놔라”고 외쳤다
후쿠시마 사고 땐
1천 킬로미터 근접한 한국에게
정보조차 주지 않았다

일본은 세계를 상대로
싸울만한 힘과 기술이 있다
그런데 한국에게 사죄할만한
용기와 양심은 없다
그들에게 없는 것을 우리는 지녀야 하고
그들에게 있는 것을 우리도 가져야 한다
그래야 ‘독도는 우리 땅’이다

한국일보 2011년 4월20일자
신문에 실린 한 장의 사진,
후쿠시마 지역 도쿄 대피소
일본 이재민 두 청년 앞에
일왕부부가 무릎을 꿇고 있다

일본이 또 다시
일왕의 이름으로 전쟁을 일으키는
끔찍한 일이 없기를 바란다
반성 없는 역사는 반복된다.

오월의 연가

초록에 물든 잎새
흩날리는 송화 가루
살랑이는 분 내음
부푸는 치마폭
활짝 열린 꽃망울
춤추는 꿀벌
일렁이는 속살
초여름의 율동

오월의 사랑에 불륜은 없다

정의, 그 불의의 모순이여!

진실과 거짓이 뒤섞인 진흙탕 세상에서
인형극의 꼭두각시처럼 팔딱이는 군상들
가증한 혀끝의 사탕발림에 헛된 희망을 품고
스스로 목 조이는 교리의 사슬은 늘어만 간다
세상이 잿빛으로 사그라지는데도
도시는 요란하고 짙은 화장으로
거짓 젊어지고 있다
어디를 보아도 낯설고 방심한 골목 한 구석엔
감추지 못한 피골이 쓸쓸히 방치되어 있다
배부른 창녀는 약탈로 치장하고
진노의 잔에는 독극물이 넘실대지만
생수는 메말라 버렸다
열 냥의 황금으로도
한 잔의 물을 구하지 못해 목은 타 들어가는데
미쳐 날뛰는 증오와 복수는 멈추지 않는다
태풍의 눈처럼 숨어서 침묵하는 비웃음이여
육지를 자르고 바다를 가르고 하늘을 넘나들며
폭군은 백성의 심장과 양심과 믿음까지 부순다
펄럭이는 수많은 별들아
어쩌다가 빛을 잃고 말았는가
정의를 외치던 너의 손은 피로 얼룩졌구나

자유를 위해 싸우던 네가
황금을 위해 자유를 버리고
민주와 평화의 이름으로
민주와 평화를 파괴했구나
만인의 자랑이던 네가 만방에 수치가 되고
만방의 희망이던 네가 만인의 지탄을 받는구나
어찌하여 탐욕만을 갈구하는 철면피에게
민초는 생명을 바치는가
어쩌자고 전쟁과 탐욕의 미치광이에게
나라를 내맡겼는가
어찌하여 비대한 늑대에게 살점을 떼어주는가
어쩌다가 이토록 나약하고 무지하게 되었는가
피에 젖은 비둘기는 날지 못하고
새벽은 아득히 어두운 밤이구나
진실을 대면할 때 정직할 수 있도록 깨어나라
명철한 심지로 군중 속에 굳게 서라
부셔라 *부시어라
쇠사슬의 굴레를 끊어버려라
꺾이고 또 꺾여도 꽃을 피워야 만
살아남을 수 있다면
자유여, 피의 제단에 제물이 되자

이제는 눈을 가린 비늘을 걷어내자
실상을 마주하는 것이 아무리 쓰라려도
눈을 뜨자
외쳐라 일어서라
진리의 횃불을 높이 들라
전쟁을 멈춰라
하늘이 열리는 날 숨어서야 되겠는가
이라크여,
새날을 세우자

*부시(Bush)

이라크 전쟁(2003-2009년)-
6년의 전쟁동안 영국군179명, 미군 4,487명 사망.
이라크 인은 군인과 민간인 모두 15만 명이 숨지고 도시들은 파괴되고 백만 명이 난민이 됨.

공지사항

고상하고 품위 있는 명품아파트 주민 여러분께 알려드립니다. 여러분의 완강한 반대에도 불구하고 이번에 완공된 옆동네의 저소득층 아파트 아이들이 저희의 고급스런 아파트 광장을 가로질러 등하교를 함으로써 격조 높은 우리의 자녀들이 그들과 섞일까 심히 우려가 되는 관계로 아파트 주변에 높은 담장을 세우자는 주민 발의안에 대한 입주민 여러분의 적극적인 호응 덕분에 막대한 공사금액이 일시에 해결되었습니다. 우리는 품격을 높이기 위해서 끊임없이 힘쓸 것이고 부동산 가격을 하락시키는 어떠한 상황도 용납 치 않을 것이며 경제수준이 낮은 무리들과는 분리와 따돌림 그리고 여론의 공격도 감수할 것입니다. 무모한 자들의 여론이란건 책임에 있어서만큼은 무책임하므로 책임이 요구되는 순간 거품처럼 사라 질테니 잠시는 들끓어도 곧 잠잠해 질 것입니다. 한 가지 당부하는 것은, 외출 시에는 주민 여러분의 머리 속에 가득찬 구정물을 남이 볼까 민망하니 잘 포장하시기를 바랍니다. 다음 모임은 장애인 특수학교 건축반대에 관한 입주민 여러분의 발의 안을 토론합니다. 추신: 본 사항은 특정 인물이나 또는 서초구 강서 지역특수학교 서진학교와 무관한 일임을 알리는 바입니다.

일어나 촛불을 밝히자

조국이여
그동안 얼마나 고통을 참았는가
큰 아픔에도 신음소리 한 번 내지 못했단 말인가
그 많은 의사도 병을 고치지 못하고
그 많은 검사도 잘못을 들추지 못했단 말인가
오랜 부정과 부패에 신경이 무뎌졌는가
백주대낮에 그들이 자행하는 일들을 보며
칠흑 같은 어둠으로 침묵하고 있어야만 했는가
핍박당한 백성의 애통함이
이 땅과 하늘에 사무치지 않는가
이 땅의 수많은 아버지 어머니들을
권력아래 고개 숙이게 하고
협박으로 무릎 꿇게 만든 저들이 아니더냐
굴복당한 사람들과 그 가족이 짊어지고 갈
수치와 부끄러움을 생각해 보았는가
간혹 누군가가 용감하게 일어나
불을 밝혔지만
악의 무리는 연약한 불꽃을
어둠속에 밟아버렸구나
모여라, 촛불이여
한 개의 불꽃은 작은 바람만 불어도 꺼지지만

큰 무리의 촛불은 바람이 거셀수록
타오를 것이다

조국이여
악과의 싸움에서는 악이 그 모양이라도
버릴 때까지 타협하지 말자
악어의 눈물 앞에서 주춤하지도 말자
섣부르게 화해와 용서를 훈계하는 자들에게
아직은 귀 기울이지 말자
청산되지 않은 과거 때문에
지금도 악의 뿌리가 시퍼렇게 살아서
큰 소리 치며 거침없이 군림하는 것을
겪고 있지 않은가
불의에 맞선 이들에게 거짓 누명을 씌우고
삶의 터전마저 빼앗은 자들을 변호하며
연민이나 동정을 강요하는
값싼 사탕발림에도 현혹되지 말자
좋은 말로 악을 감싸는 자들에게도 속지말자
지금은 죄 없는 자가 일어나 돌을 던질 때이다
대한의 백성이여, 그대는 죄 없다
저 포악한 집단에게 정의의 이름으로

돌을 던져라
절망을 깨부수지 않는 한 희망은 없다
우리의 후손들이
역사의 수레바퀴에 깔리게 할 것인가
역사의 수레바퀴를 끌게 할 것인가
이 흉악한 정권을 심판하지 않는다면

2017년 정유년 새해는 없다.

소돔과 고모라

온 종일 땅을 파 헤치고
논밭에 살충제를 뿌려대니
초원은 더 이상 순하지 않고
소는 독초를 씹으며 복수를 되새김질한다
강물은 순수를 잃고 물고기는 숨을 헐떡인다
사냥꾼은 저인망 그물로 바다 밑을 긁고
바늘을 깊숙이 찔러 피를 뽑아내는 광란에
바다는 구멍이 숭숭 뚫렸다
피를 파는 가난한 영혼에게도
빵 한 봉지 우유 한 컵을 건네건만
더 이상 빨아낼 수 없을 때까지 착취하고
그냥 틀어막는다

탐욕스런 돼지는
천사의 미소로 황금을 보여주며
악마의 오랏줄로 목을 조인다
소비가 미덕이라고 외치며
일확천금의 도박판을 펼치고
정작 자신은 어둠에 숨어서
서민의 주머니를 할퀸다
제 어미의 풍만한 유방을 쥐어짜고

곶감처럼 쪼그라진 가슴을 짓밟으며
먹은 것을 토하고
후손에게 유산으로 물려주는 자는
누구의 자식인가

에덴의 동쪽이여!

국보 제1호

일제 강점기 조선총독부는
교통에 방해가 된다고 남대문을 없애려다가
임진왜란때 일본의 장수가 통과한 그 성문은
조선의 수도 한양을 점령한 승리의 상징이라고
어느 일본인이 지껄이자
일본은 남대문을 조선의 보물 제1호로 정했다

광복이후
봄이 일흔 네 번이나 찾아왔지만
기다리는 마음은 지쳐 만 가고
조선총독부 지정
조선의 보물 제1호는
아직도 대한민국 국보 제1호다.

정의의 역설

저 깊은 정글 속
월맹군 마을의 쓰라린 상처
돌에 새긴 따이한의 만행

월남군이 전쟁을 이겼다면
'민주주의를 위해 이 먼 곳까지 와서
목숨을 바쳤다'고 감사하며
따이한의 희생을 추모하는
기념비를 세웠을것이다

남침을 막아낸 남한은
미군과 연합군의 희생을 기리고
남침에 실패한 북한은
'미 제국주의의 만행'을 외친다

조국이여, 치부를 드러내고
상처를 치유하자
우리가 비난하는 일본과
같을 수는 없지 않은가

무궁화 꽃이 피었습니다

일본이 하는 말이
중국을 치러 가니 길을 비끼란다
속내가 뻔하길래 거절했더니
조선을 침략했다

선조는 왕궁을 버리고 백성을 버렸고
그 치욕 잊을 만큼 세월 흘렀지만
그래도 잊을 걸 잊어야지
잊어서는 안될 걸 잊은 댓가는 혹독했다

사백여년이 지난 일천구백십년
일본은 또 다시
한반도의 산천을 짓밟고
태평양 전쟁을 일으켰다

일본은 오늘도 독도가
일본의 섬이라고 우긴다
독도는 누구의 섬이 될까
임진년이 들썩인다

"무궁화 꽃이 피었습니다."

망월동 국립묘지

터질 것 같은 아픔에 물든
붉은 철쭉이 찬연하게 눈물겹다
풀래야 풀 수 없는 한 맺힌 사연에
안타까워 발을 동동 구르며
가슴이 멍 들 만큼 두드려 보건만
맨 정신으로는 도저히 삭일 수 없기에
퍼 마신 술기운을 빌려서
썩어 문드러진 가슴의 살점들을
꾸역꾸역 토해낸다

매서운 칼바람과 서슬 퍼런 찬 서리로
짓밟고 꽁꽁 얼려 놓았지만
분노의 함성을 안으로 삭이고
거부의 몸부림은 심장에서 들끓고 있다
촛물처럼 녹아내린 피눈물은
땅 바닥에 너부러지고
타 오르는 외침은 봄날의 아지랑이가 된다

세월은 슬픔도 과거도 쓸어 간다지만
오늘도 망월동 국립묘지에는
하얀 도라지 꽃 같은 소복들이

사방 곳곳에 주저앉아
팔을 허우적거리며
땅을 두드리고
하늘을 향해 절규한다.

남아메리카, 그 아련한 길에서

엘도라도의 황금에 미쳐버린
유럽의 가인은 대륙의 아벨을 무참히 죽였다
우상과 미신이라고 저주하며
고귀한 조상의 유적과 터전을
파괴하고 짓밟은 통한의 학살위에
우뚝 세운 회칠한 성당이
햇살아래 싸늘하건만
도시의 광장에서는
식민통치의 찬송과 영광이
뻔뻔하게 울려퍼진다

창공은 맑고 푸르른데
이 땅의 원주민은 땅바닥에 주저앉아
유럽에서 관광 온 정복자의 후손에게
남루한 기념품을 팔며 오늘을 버틴다
광장의 비둘기는
여지껏 억눌린 영혼들을
천상으로 올려 보내고
독수리는 침묵하는 하늘을 맴돌며
마야 전설의 아픔을 달랜다

대륙의 들판에 핀 순박한 코스모스여.

*코스모스의 원산지는 남아메리카임.

고향

누구도 그를 알지 못하고
그 또한 아무도 모른다
지나는 여인마다 옛사랑인가 싶고
옛 친구가 그립건만
찾을 수 없는 것을 찾고 있다
낯익은 동네는 낯선 이들이 차지했고
차가 질주하는 도로에
땅강아지 한 마리 두리번거리며
위태하게 길을 건넌다

떠나는 연습을 하며 살자고
언젠가는 떠난다고 다짐해도
연습은 연습일 뿐
돌아서면 다시 맴돈다
화살은 멀리 날아갔고
땅거미 진 활터엔 궁수도 떠난 지 오래다
낡은 대문은 녹슨 빗장이 걸려있고
내 결코 그곳에 이르지 못하리니
고향, 그 영원한 타향이여.

장래에 원하는 장례

살아서는 백성의 두려움을 조장하고
죽어서는 백성의 혈세를 쥐어짠다
썩지 말라고 시체를 영구보존하기 때문이다
독재자가 독한 인생을 살다갔으니
독한 방부제에 수장하는 것도 당연하다 싶지만
무지한 백성까지 그 흉내를 내는게 우습다
죽은 사람 떠나보내기 전에
산 사람들에게 보여주는 것 말이다
침상모양의 탱크에 시신을 눕히고 샤워를 시킨다
특수 기술자가 피를 뽑아내고 내장을 정리한 후
살균 소독제와 방부제를 혈관에 주입한다
분장사는 푹 꺼진 볼에다 솜을 구겨넣고
얼굴은 화장품으로 색조를 덧 입힌다
살아있을 때도 행색이 초췌하면
남에게 보이기 싫은데
죽어 있는 모습을
남에게 보이고 싶은 이가 있으랴만
속사정을 안다면 원치 않을텐데도
그 짓은 계속된다
관을 만들기 위해 나무를 잘라내고
광택을 낸 화학페인트로 땅속은 오염되고

부자는 철판으로 만든 상자에
관을 다시 집어 넣는다
어차피 땅에 묻힐건데
꼴을 보니 곱게 썩기는 글렀다
부디 부탁하노니
나 죽거들랑 활활 타는 불에
시원하게 태워서 거름하거라
죽어서까지 땅에다 몹쓸 짓 하지 않으리니
평생을 신세진 게
이 땅이니라.

*일년에 1만6천km의 숲(뉴저지 주만한 크기)이 관을 만들기 위해 사라진다.

매년 300만 리터의 포름알데히드가 장례용 방부제로 땅속에 묻힌다.

선택받은 자

아들을 산 채로 불 태워
제물로 바치라는 지시에
굴복한 아브라함은 선택을 받았고
자자손손 신의 비호아래 살았다
그가 복종하기 전까지
얼마나 많은 인간이
신의 명령에 저항하다가 사라졌는지는
신만이 안다
자명한 사실마저도 그럴듯한 왜곡은
무지와 억지의 산물이다
생각 없이 태어났다고 해서
생각 없이 산다면
고동치는 심장은 화석이 된다
숨만 쉬는 박제가 될것인가
기꺼이 버려질 것인가.

트루먼 쇼

길을 건너던 오리가 차에 치었다
같이 가던 오리는 그 곁에 머물며
질주하는 차 사이에 서 있다
카메라에 담긴
동영상을 본 사람들은
감동했다

영화 속 주인공은 자신의 삶이
남에게 중계되고 있는것을 모른다
다람쥐가 열심히 도토리를 물어다가
이곳저곳에 숨기는 걸
창문 너머 조용히 바라보듯이
보이지 않는 곳에서 카메라가 엿본다

누군가 자신을 지켜보고 있다고
생각하는 사람이 하나 둘 생겨났다
어떤 이는 착해지려고 애쓰고
어떤 이는 종교에 의지하고
어떤 이는 그런 모습을 보면서
부질없다고 중얼거린다

삶이 지속 되는 한
조명은 무대만 비춘다
공연이 끝나면
비로소
객석에
불이 켜진다

독립선언문

욕을 하면 교양 없다고 하지만
욕을 안 하는 게 위선일 때도 있다
욕을 하고 싶을 때는 기꺼이
가운데 손가락을 치켜 세울 것이다
매사 긍정적으로 생각하라고 훈계 해도
아닌 건 아니라고 말 할 것이다
비판받지 않으려면 비판하지 말라고 해도
소신껏 비판하고 기꺼이 비판 받을 것이다
포기하지 않는 끈기와
포기하는 분별도 갖출 것이다
자신에게 인색 했던 것이 가장 후회된다는
말도 하지 않을 것이다
세월이 흐르듯
고인물이 아닌 마중물이 되리라
너의 너 다움을 인정하되
내 인생은 나로 살 것이다.

제3부

허공에 쏜 화살*

햇살 쏟아지는 봄날
소년의 화살 통에 가득한 화살
번뜩이는 화살촉에 심장이 뛴다
싱싱한 바람을 한 잎 베어 물고
아득한 내일을 향해 활줄을 당긴다
불거진 핏줄은 굵은 힘줄위에서 부풀고
무성하게 녹음 진 숲을 야생마처럼 날다가
낙엽 뒹구는 샛길 어딘가에 떨어진다
그 기억조차 희미해질 즈음
눈 덮인 들판 저 끝자락에서
잊혀 진 꿈을 줍는다
녹슨 화살촉을
움켜쥔 손이 파르르 떤다.

*롱펠로우의 화살

화석

노래를 듣는다
노래에서 막걸리 냄새가 난다
뜨거운 각혈이 쏟아진다, 장사익

비가 내린다
한 방울 목마른 갈증인냥
이름 석 자를 유투브에 찍는다
떠난 사람이 떠나지 않고 맴돈다
가을이 깊어간다
노래와 함께, 김광석

가난한 손이 그리는 일상
그림에 눈물이 고인다,박수근

한때는 가장 뜨거웠던 바위
반짝이는 것은 깊은 어둠속에 있다
굳은살도 한때는 여렸다
감동은 슬픔을 적신다.

비 개인 오후

도랑에 실개천 흐르고
웅덩이 고인 물에 하늘이 담긴다
물방개는 구름을 지우고
무지개 꽃 핀다

씨앗이 여무는 시간
빈 가슴 떨어지는 꽃잎
책갈피에 지긋이
세월을 가둔다

순간을 영원히.

관점의 차이

벼는 밑 둥 까지 사정없이 잘리고
숨을 곳 없는 논바닥에
물마저 빼 버리니
개구리는 노래를 멈췄다
용케 탈출한 나락 몇 알도
새의 매서운 눈에 들켜
생포 당했고
우렁은 껍질만 남긴 채
행방불명이다
미꾸라지는 땅 속에 갇혀
탈옥을 꿈꾸는데
저 너머 마을에서는
풍악이 울려 퍼진다.

인생이란

들판을 지나 언덕을 넘고 산에 오른다
앞서 간 누군가의 길을 따르다가
때론 길을 잃고서 길을 내기도 한다
사람을 만나 외로움을 털기도 하지만
사람 때문에 홀로 길을 가기도 한다
간편한 차림으로 해질 녘에 돌아오다가도
무거운 봇짐을 지고 먼 길을 떠나기도 한다
삶의 끝에서 죽음에 이르겠지만
죽음의 끝에서 다시 삶을 생각한다
길이 끝난 곳에서 길이 시작되듯이
언제나 저 건너편에서
나를 기다리는
희망이다.

푸른 숲 우거진 산으로 가자

뜨락에 낙엽 지고
풀잎에 바람 인다
한 세월 들꽃을 지나
푸른 숲 우거진 산으로 가자
칠성판에 드리운 달빛 길어
솔아 푸른 솔아
봄이 오는 길목에
흙 아래 누워
파란 하늘 그리운 고향
다시 꿈꾸자

이생과 저생을 사랑하기까지는

끝이 다가오자 잠잠하던 삶이
해일처럼 일어선다
앞이 막히니 필사적으로 길을 찾는다
낙수로 바위를 치며
모든 절망을 희망한다

생을 즐기지도 못하면서
생에 애착하노니
행복하지는 않지만
불행하지도 않다는 독백은
추상화 속으로 숨고
잘라낸 풀에서는 비린내가 난다.

꽃이 지고 열매만 남는다
입안에서 오물오물
단단한 씨 한 알 뱉는다
봇짐을 꾸린다.

시절을 꿈꾸며

산이 내달리다 멈춘 자리
초가집 옹기종기 온기를 지피고
아늑한 양지 아래
들이 있어 든든한 곳
더는 내려갈 데 없는 바닥에는
시냇물이 흐르고
가장자리에 모인 조약돌은
혼탁한 세상에 맞서
살아남은 자들의 무용담을
반짝이며 재잘거린다
부끄러울 일 없어
벌거숭이 아이들
해맑은 웃음에 살랑이는 물결
모래무치 투명한 몸에
하늘이 물들고
저물었던 해가
돌아온다

내 기꺼이 죽을 수 있다면

죽지 않고는 이루어질 수 없는 만남이 있다
죽지 않고는 깨달을 수 없는 신비가 있다
죽지 않고는 누릴 수 없는 축복이 있다
죽지 않고는 외칠 수 없는 승리가 있다
죽지 않고는 쓸 수 없는 면류관이 있다
죽어야만 온전히 알게 되는 저 생의 비밀을
살아생전 온 몸과 마음으로 마주본다
인생도 언젠가는 낙엽일진데
땀과 눈물로 뿌린 씨앗은 노을보다 붉으리
삶은 죽음으로 옷을 벗지만
머지않아 아침이 밝아오리니
죽음아 ! 너는 진정 죽었노라

철 들 줄 알았는데

결혼하면…
부모가 되면…

그래도 안 되길래

자녀가 결혼하면…
손주가 생기면…

그래도 안 되길래

나이 들면…
죽을 때가 되면…

그래도 안 되는 걸 보니

어림없더라
어른없더라.

흔적

살만큼 살았고
누릴 만큼 누렸다
볼만큼 봤고
즐길 만큼 즐겼다
키울 만큼 키웠고
부끄러울 만큼 부족했다
더 이상 숨을 곳 없는
어둠이 기다린다
여백이 사라진 세상
떠나도 좋을 때다
밤이 오고
남아있는 것은
빗자루로 쓸어 담자
그렇게 왔으니
그렇게 가자.

시

자투리 천 조각 들
알 수 없는 옹알이
낡은 상자 속에 갇힌 쉼표
질식해버린 단어
흐릿한 글씨
한때 반짝이던 언어의 꿈
햇빛에 말려 보는
달빛 젖은 기억
시시비비에
시달리며
시시하게 살다보니
시나브로 생긴
시덥잖은
시가
시들하다.

단풍

결국 올 것이 오고 말았다
이별의 시간이 다가 올수록
취기는 더욱 달아올랐다
아직은 함께 있지만
떠날 순간이 시시각각이라서
지금 이 열정에 죽어도 좋다고
뜨겁게 뜨겁게
가쁜 숨 몰아쉬며
온 몸으로 휘청인다
온 몸 내던진다.

잔소리

주둥이

항상 좋은 말 좋은 글을
마구 쳐 먹다보니
수시로 가르치려 든다
먼저 행하려 했다면
먹음직해도 과식하지 않았을 터

세상이 만만치 않아서
쉽게 속지 않지만
스스로 속고 살면서도
그걸 깨닫지 못하니
기껏 남의 말만 흉내내는 앵무새

닥쳐라.

늙은 호박

번듯한 기둥 하나 없고
고운 단풍도 입지 못했다
세월 견디며 늠름하게 서 있지 못했고
더위 피할 그늘조차 만들 수 없었다.
반듯한 텃밭은 고사하고
정성어린 손길조차 받지 못했다
그냥 비탈진 구덩이에서
인분 한 바가지 뒤집어 썼다
목마른 갈증 따위는 푸성귀들이나 하는 투정이고
마냥 하늘 보며 비를 기다려야 했다

그래도 신통하게 커가는 몸을 추스리려고
안간 힘을 쓰며 넝쿨손을 뻗는다
예전과 달리 꿀벌조차 뜸해서
애써 피운 꽃마저 떨어지는데
다행히 드물게나마 열매를 맺은게
여간 자랑스럽다
넓은 잎사귀 밑에 가려서 묵묵히 자란 덕에
가을 수확 끝나고 낙엽 진 후에야
늙은 농부의 눈에 띄니
이랑보다 더 깊은 주름살에
웃음꽃 핀다.

돌이 된 여인

타인의 행위는 옳고 그른지를 따져도
자신은 이익을 먼저 챙기는게 세상 사
앞만 보고 도망쳤다면,
뒤돌아보지 않았다면
죽지는 않았을 것이다
내 이웃과 친척, 친구들이 사는 성
죄가 만연했다고는 하지만
죄 값보다 더 무거운 심판이란 생각에
숨 죽여 목숨을 보전하기 보다는
가던 길 멈추고
뒤 돌아섰다

불순종한 죄 값이라고
윽박지르는 수천년 세월을 견디며
선 채로 돌이 되어
사상의 무덤을 허물어뜨릴
시절을
시인을
아득히 기다린다.

p.s
'의인'이라 불려진 아비 롯은 술에 취했고
딸들은 타락했다.
소돔과 고모라의 죄악을 피해 도망친 곳이
또 다른 소돔과 고모라였다.

들녘에 서서

숨 돌릴 겨를도 없이
덮쳐오는 환란에 넘어졌지만
다짐하고 일어선다
운명에 맞선 자만이
자신의 운명을 만드나니

녹슨 칼을 들고 강으로 간다
자성의 긴 밤을 숫돌에 갈아서
번뜩이는 칼날로
바람을 잠재우고
다시 붓을 든다

햇살 눈부신 내일을 위해
묵은 생각을 양잿물에 삶아서
돌판 위 방망이로 내리친다
흐르는 냇물에 오점을 헹구고
새날의 여명을 일깨운다

어둠속에서도 불빛 깜박이며
붙박이로 서 있으리라
마음의 눈을 뜨고
시국의 창을 열어서
진실이 희망인 외침이 되리라.

나이 듦에 대하여

터키 산골마을에서 마주쳤을 때
누군지 모를만큼 휜칠했다
시애틀에서는 잔뜩 움추려 있다
날씨를 탓할 수도 있겠지만
현실을 살아가고 있었다
잘 생기진 않았지만
잘 익은 향기에 미소를 보냈다
그가 되물었다
"네 향기는 어때?"

시절도 청춘도 지나간 자리에
모과 한 알 오롯이
세월 앞에 앉아있다.

무지개

해 질 무렵
아쉬움에 망연히
슬픔이 차오르면
별이 반짝인다

어둠이 잦아들면
동이 트고
잠에서 깨어나
슬픔을 접는다

뜨락에서
꿈을 줍던 아이
낡은 옷을 벗고
새 옷을 입는다

햇살 빛나고
고요한 숨결
삶을 건너
저 너머로.

신과의 독백

신을 알고부터 나의 일상은 불편했다
보호를 핑계로 누군가의 감시를 받는 건
참을 수 없었다
잘된 건 신의 덕분이라고 해야 감사한 것이고
못된 건 내 탓이라고 해야 겸손한 거라고
사람들은 말했다
내가 완전히 종속된 상태에 빠졌을 때
내 인생을 신에게 저당 잡힌 것을 알았지만
일이 꼬일 때마다 신을 원망했고
책임을 회피하며 서서히 주권을 포기했다
긴 세월이 지나서야
스스로 노예가 되었다는 것을 깨달았다
이제는 아무것도 신에게 원하지 않는다
신은 애초부터 내게 바라는 게 없었다
내가 자유한 만큼 신 또한 내게 자유하다
내가 신을 알지 못하던 처음처럼.

제4부

건널목

태어나서는 부모를 만나고
자라면서 친구를 만난다
젊음의 한 때도 지나가고
만남의 인연이 다하면
이제 떠날 때다
어떻게 떠날 것인가
꿈을 꾸듯
삶을 잊을 것인가
꿈에서 깨어나듯
삶을 시작할 것인가

그때는 몰랐다

호수에 내린 눈은
흔적이 없는데도
끊임없이 내린다

내리고 또 내려도
녹는 눈이 안쓰러워
얼어붙은 수면 위로
눈이 쌓인다.

사람

사람으로 태어나서
사람으로 살다보니
사람 마음 알수록
사람인 나도
사람이 싫은데
사람을 떠나 머물 곳이 어디랴

사람을 속속들이 알고도
사람을 사랑한다는 게
사람의 생각으론 이해가 안 가지만
사람에게 절망하는 순간
사람이 많아도
사람이 그립다.

살아온 날도, 살아갈 날도 아닌 살아있는 날의 소중함이여

기다리지 않아도 찾아오는 계절
땅이 얼고 꾸무룩한 날이면
으레 내리는 눈
따스한 거실에 음악이 흐르고
창밖엔 팝콘같은 눈발 휘날린다
밤새 안녕했기에
이 아침 이 풍경이 눈에 담긴다

모두 떠나고 잊어도
아무 일 없듯이 무심히 다가온다
환한 미소여
화사한 만남이여
싸늘한 열정이여
허무한 이별이여
소리없이 내려도 가볍지 않다

이 넓은 허공에 천지가 하얗다
아다모의 '눈이 내리네'를 들으며
커피를 내린다
이토록 찬란하게 순간이 아름다우면 죽는게 두렵다

이렇게 눈부신 광경을 보고 있으면
살아 있어도 살고 싶다

문득 스치는 행복
이보다 좋을 수 있나!

아픔

눈물이 흐른다는 건
꽃망울이 터지는 것이다
열매를 맺으려고 꽃이 지듯이
별이 뜨려고 해가 지듯이
새벽이 오려고 별 또한 떠나나니

달이 차면 기울어도 달은 마냥 달이듯이
밀물과 썰물 또한 변함없는 바다이듯이
세상을 떠나는 일 또한 슬픔만은 아닐 것이다
밟혀도 다시 일어서는 민들레처럼
고통도 꿈인양 흘려보내자.

외할머니 2

비가 주룩주룩 내리는 저녁 으스름
정지의 아궁이에 얹은 새 연탄이
푸르스름한 불꽃을 피운다
아비는 객지를 맴도는 공무원
어미는 발이 부르튼 보험 외판원
무남독녀 외딸에게 더부살이하는 외할머니가
완산시장에서 생갈치를 사 온 날
시멘트 바닥에 문지른 갈치의 은빛 비늘에
모처럼 샘이 환하면
육이오 동란 직후 여섯에서 넷으로 줄어든
손주들의 저녁 밥상 젓가락 놀림이 잽싸다
지금도 해질 무렵 비가 내리면
연탄가스 냄새와 함께 보글보글 끓던
갈치 비린내가 그립다

그런데 내 기억엔 외할머니가
갈치찌개를 드시는 모습이 없다
생각이 여기까지 미치는데
오랜 세월이 흐르고 말았다
이제야 그 생각을 하다니...
나중에 할머니를 만나면 갈치찌개를

다시 끓여달라고 조르리라
그리고 할머니가 찌개를 다 잡수실 때까지 바라봐야겠다

그 옛날, 할머니가 나와 찌개를
바라보고만 계셨던 것처럼.

커피 한 잔의 사색

한 치 앞을 볼 수 없는 게 인생이다
커피도 그 속이 보이지 않는다
한 잔의 커피를 찻잔에 담는다
그 향기 스쳐 지나가듯
생의 환희도 잠깐이다
쓰디 쓴 인생도 가끔은 달다
맛보다 향이 더 머물듯
고난도 지나면 그렇다
한 잔의 커피를 마시며
단 한 번의 생을 돌아본다
만드는 정성만큼 맛이 깊듯이
인생도 그렇다
은은하게 우려낸 맛만 남기고
찌꺼기는 과감하게 버려야 한다
그래야 버거운 삶의 무게도 견딜만하다
커피를 마시듯 인생을 음미하니
그리 나쁘지 않다
오늘도 나는 한 잔의 커피같은
하루를 산다.

호박전

애 호박 머리에 피어 오른 꼭지
황금보다 샛노란 호박꽃은 금 꽃

호박꽃 떨어지자 무럭무럭 자란 호박
싹둑 싹둑 썰어서 밀가루에 버무려

지글지글 들기름에 전을 부치니
하늘 가신 울 할머니 생각나는 호박전.

문어회 한 접시

어느 가을날
평생 단 한 번의 산란기에
10여만 개나 알알이 낳고
꼬옥 품어 줍니다
행여 그물배도라치가 훔칠세라
낮과 밤 내내
먹지도 자지도 않습니다
그렇게 보낸 세월이
짧아야 석 달, 길게는 일곱 달입니다
한 알씩 부화할 때마다
멀리 그리고 안전하게
온 힘을 다해 불어 보냅니다
마침내 기력이 다하고
점점 창백해진 몸은
푸른 바다속에서
하얀 석상처럼
굳어갑니다

문어회 한 접시를 앞에 놓고
나의 수치를 꼭꼭 씹어 봅니다.

시간 밖에서

소리 없이
천천히
온갖 소음과
잡념을 떠나보내고

한 곳으로만
생각을 집중하여
마침내
아롱진 물 한 방울

떨어져 부서지는 충격
흔들리는 영혼의 지진
누구도 눈치 채지 못한
분주함 속에서

시계 바늘만 뚝 뚝…

풍경속의 나

간이역에 내리는 사람은 얼굴이 없고
오르는 사람은 등이 없다
안개가 밀려오자
주변이 보이기 시작했다
사소한 것들이 눈에 들어오고
자신만 바라보던 불행은
서로를 쳐다보는 동행이 되었다

가장 힘든 사랑은
나를 사랑하는 것
가장 어려운 이별은
나를 떠나 보내는 것
종착역에 다가갈 즈음
기차가 속도를 늦추자
나는 나를 지긋이 바라본다

잎이 지고 있다
나는 나와 화해하고 싶다
눈이 내리기 전에...
그래도 괜찮은 나이다
긴 세월 바라던 평안을 내 안에서 찾았다
나 이제 괜찮다.

문이 열리고

마당을 지나 마루
마루를 건너 안방
안방 쪽문을 열면
정지에 연탄 아궁이
정지 문턱을 넘어 샘터
샘 가운데 작두펌프
그 옆에 학독
학독 옆에 장독
장독을 지나 변소
변소 옆에 마당

문을 연다
나는 지금 들어가고 있는가
나가고 있는가
내가 문을 여니 세상이 가로막더니
문이 나를 여니 경계가 사라진다
나를 남겨두고 나를 벗어난다
바람 맴도는 물위로 노을이 다가온다
파문이 일자 잠시 출렁이다가
아무 일 없었던 것처럼 잔잔하다
나를 본다, 비친다

들녘에 가득히 드러누운 햇살
산자락은 고운 단풍을 입고
저 만치 강을 건넜다
풍경소리는 바람 따라
멀어지는데
아직 내 안에 일렁인다
세월 참 아련하다.

요단강

폭우가 쏟아지자
강은 주체하지 못하고
바닥을 사정없이 할퀴는
물살을 붙잡지 못한다

죽음이 그림자를 보이는 순간
실존은 숨가쁘게 박동하고
삶이 해일처럼 일어나지만
그 기세가 예전만 못하다

비가 그치고
강이 숨을 고를 즈음
가벼운 일상은 떠내려가고
묵직한 슬픔만 가라앉는다

다시 하나로

걸어서도 날아서도 못가고
마음으로만 가는 길
다리 무너지고
철길 끊긴 지 오래
섬이 되어버린 국토의
철조망을 붙들고
능소화는 기어오른다

산자락에 일렁이는
푸른 잎새 능선너머
한 색깔로 물이 들면
동강난 반도의 허리를 딛고
동토의 땅을 오르는 진달래가
산과 들을 어루만지는
봄은 꼭 올 것이다

밤이 오고

산그늘 드러눕자 어둠이 내린다
인적 끊긴 산 속에 서성이는 사람있어
희미한 달빛 길을 비춘다
부서진 꿈의 조각이 흩어진 공동묘지
분출하지 못한 용암은
가슴에 내려앉아 바위로 굳는다

깊은 어둠에도 별은 빛나고
지친 영혼은 거친 숨을 내쉬며
두 팔 한껏 뻗어
맞바람에 홀로서서
기꺼이 떠나 보낸다
세월아, 갈 테면 가라.

그날

만나리라
내가 나를
내려다 보는
그 때

수 많은
너와 내가
한 없이
자유롭다

영혼,
이제야
종교에서
해방이다
…
그랬으면 한다.

고해성사

의심을 맴돌고 있던 마음에
머무는 건 불안이었다

불안을 떨치고자
확신만을 열심히 골라먹었다
부지런히 먹다보니
의심도,불안도 떠나고
확신과 믿음에 거하게 되었다
방심하던 어느날
확신을 뒤흔든 의문이 솟구쳤다
해탈을 향해 달려간 곳에
회의가 도사리고 있을 줄이야

죽고 나면 모든 걸 깨달을 거라는 생각도
죽고 나서도 모르는 건 모를 수 있으리라
죽으면 절로 알게 될 저승의 일도
이생에서 미리 알려고 기를 쓰지 않겠다
누군가 해답을 가졌다고 외쳐도
관심 갖지 않을 만큼 자유롭고
진리만을 말하는 거짓에도
귀 기울이지 않을 만큼 평안하다

생은 어차피 안개속을 거니는 것
이제는 의심하되
불안에 떨지 않고
확신을 부러워하지도 않는다
떠나보냈지만
사라지지 않은 것들에 작별을 고한다.

Laheina의 해변에서

적당히 낡은 타운
관광객들이 스쳐 가는
하와이 해변가 공원
해맑은 햇살아래 춤추는 풀잎
60대 중반을 넘은듯한 세 남자가
두 개의 우쿨레레와 한 개의 기타로
흐르는 세월을 천천히 노 젓는다
감미로운 목소리와 잔잔한 선율은
댄서인 아내들의 율동에 스미고
한 점 부끄럼 없는 하늘 아래
푸른 바다가 살랑인다

아! 나는 어디쯤에서
꿈같은 시절을 회상 할 것인가
바람에 흩날리는 생의 티끌이여.

내가 사랑하는 당신은

내가 사랑하는 당신은
서로 다른 꿈을 가졌지만
그 꿈을 간직할 수 있었고
내 모두를 사랑하길 바랐지만
내 전부를 받아주었습니다
평범한 사람으로 만났지만
평생을 함께 지냈으며
영원히 사랑할 수는 없겠지만
영영 잊을 수 없습니다
서로에게 소중한 사람이었으며
필요보다 더 많은 것을 나눴습니다
머문 자리는 온기가 맴돌고
같이 있는 매순간이 행복입니다
홀로 살아야 할 때가 오면
함께 지낸 시간이 있었기에
견딜만한 슬픔이길 바랍니다.
일상의 날들이
새로운 시작인 것을 잊지않고
내가 사랑하는 당신이
나를 사랑하는 것처럼
언제나 설레이는 마음으로

해질 녘
그리움의 모퉁이를 돌아갑니다.

시지프스의 반론

나를 위해 기도하지 마시오
나는 그대의 기도가 고맙지 않소
나의 선택을 그대의 기도로 방해하지 마오
그대의 기도는 응답받지 못할 것이오
내 의지가 그대의 기도보다 강하기 때문이오
그대가 연민의 말투로,
"어리석은 시지프스여, 더 이상 신께 저항하지 말고
항복해서 행복을 누리세요."라고 말해도
그대가 나를 구원하도록 놔두지 않을 것이오
그래도 기도하고 싶거든
자신의 의지를 유다에게 넘겨준 자를 위해서
기도 하시오
나는 예수를 부인하여 예수를 시인할 것이고
예수를 팔아 예수를 얻을 것이오
나의 의지는 그대가 성스러운 경전이라고 믿는
책에 갇혀 버린 신이 주신 것이오
잠든 채로 사는 자는 잠든 채로 죽을 것이오
자신의 삶을 소유하는 자만이
자신의 죽음도 소유할 것이오

□ 시집평설

지금 여기에 실존하는 시학

- 심갑섭 시집 『살아온 날도, 살아갈 날도 아닌』에 부쳐 -

홍 문 표

시인 · 평론가 · 전 오산대 총장

심갑섭 시인의 『살아온 날도, 살아갈 날도 아닌』 시집 상재를 축하한다. 본 시집은 제목이 제시하는 바와 같이 살아온 과거의 날도, 살아갈 미래의 날도 아닌 현존에 대한 존재의식을 강하게 드러내고 있다. 지금 여기에 라는 말이 있다. 이렇게 말하면 과거도 부정하고 미래도 부정하는 현세주의 또는 속된 현실주의로 오해할 수도 있는데 그러나 심시인의 지금 여기는 그런 통속적 시간관이 아니라 바로 실존주의적 자각에 근거한 주체적 결단의 삶을 시적으로 형상화한 것으로 보아야 하겠다.

일찍이 실존주의자 사르트르는 "실존은 본질에 앞선다" 고 하였다. 왜냐하면 인간은 대자적 존재로서 끊임없이 자기와 타자를 대상화하는 존재이며, 그렇게 자신을 끊임없이 변신해 가기 때문이다. 따라서 그의 관심은 인간에게는 그 무엇이라는 본질을 추구하는 형이상학보다 지금 여기에 있다는 사실이 더 우선적이고 중요한 것이라는 입장이다. 하이데거는 이러한 실존적 자각의 인간 존재를 현존재라고 했다. 현존재는 본질적으로 '거기 있음', '존재에 개시되어 있음'인데 이는 시간성을 주축으로 과거-현재-미래를 통합하여 자기를 기투하고 해방하려는 존재의 모습이라는 것이다.

따라서 실존주의는 세계대전의 파괴와 상실을 경험하면서 그동안 절대적 가치로 삼았던 보편성이니 본질이니 하는 그 무엇에 대한 형이상학적 명제에 얽매어 타율적으로 살기보다 지금 여기에 현존하는 실존의 절박함과 소중함을 인정하고 주체적으로 인생을 살아가는 것이 중요하다는 입장이 되는데 심시인의 이번 시집을 보면 '살아온 날도, 살아갈 날도 아닌' 이란 시집 제목부터가 바로 지금 여기라는 현존의 자각위에 그의 시가 구축되고 있음을 예견하게 하고 있는 것이다. 시집 제목이 되고 있는 작품 「살아온 날도, 살아갈 날도 아닌 살아 있는 날의 소중함이여」를 보자.

기다리지 않아도 찾아오는 계절
땅이 얼고 꾸무룩한 날이면
으레 내리는 눈
따스한 거실에 음악이 흐르고
창밖엔 팝콘 같은 눈발 휘날린다
밤새 안녕했기에
이 아침 이 풍경이 눈에 담긴다

모두 떠나고 잊어도
아무 일 없듯이 무심히 다가온다
환한 미소여
화사한 만남이여

싸늘한 열정이여
허무한 이별이여
소리 없이 내려도 가볍지 않다

이 넓은 허공에 천지가 하얗다
아다모의 '눈이 내리네'를 들으며
커피를 내린다
이토록 찬란하게 순간이 아름다우면
죽는게 두렵다
이렇게 눈부신 광경을 보고 있으면
살아 있어도 살고 싶다

문득 스치는 행복
이보다 좋을 수 있나!
–「살아온 날도, 살아갈 날도 아닌 살아있는 날의 소중함이여」

이 시를 보면 지금 여기의 실존적 삶의 인식이 얼마나 중요한 것인가를 말해 주고 있다. 시적 화자가 이렇게 현실을 긍정하는 이유는 바로 아름답고 의미 있는 다양한 현실을 온몸으로 느낄 수 있는 것이 지금 여기라는 현재의 시간과 공간이기 때문이다.

1연에서 시인은 팝콘 같은 흰 눈을 보고 따스한 거실의 음악을 듣는 것은 바로 밤새 안녕했기 때문이라 했다. 의식이 있고 생명이 있을 때만 이런 것을 향유할 수 있다는 말이다. 2연에서 시인은 현재는 언제나 가고 오는 길목이라는 것이다. 시간은 늘 과거로 매몰되는 것 같지만 현재는 여전히 환한 미소와 화사한 만남과 싸늘한 열정과 허무한 이별이 있어 더욱 의미가 있다. 그러기에 3연에서 시인은 이토록 찬란하게 순간이 아름다우면 죽는 게 두렵다고 했다. 이렇게 눈부신 광경을 보고 있으면 살아도 살고 싶다는 살아있는 현존의 절대적 의미를 놀랍게 표현하고 있다. 그리고는 다시 마지막 연에서 비록 그것이 순간의 행복이지만 현존한 삶만이 누릴 수 있는 특권이기에 이보다 좋을 수가 없다고 했다. 이러한 현실의 긍정과 적극적인 삶은 다음 시들에게서도 볼 수 있다.

삶의 무게로 오롯이 각인된
이부자리가 결연히 일어선다
안으로 켜켜이 쌓인 고뇌
소매 떨치듯 앙금을 털어낸다

아스라이 흩어지는
바람속 생의 티끌
구겨진 시련일랑
낡은 허물을 벗는다

쏟아지는 햇살에
어제를 헹구고
오늘을 다림질한다

–「햇살 눈부신 날」

높은 산 깊은 골에 눈이 쌓인다
죽은 듯이 견디는 수밖에
섣불리 일어섰다간 얼어 죽기 십상이다
고드름 우는 심사 모르는 바 아니지만
참고 기다리면 동장군도 지칠 때가 온다

기나긴 산고 끝에 강이 불룩한 몸을 풀면
드러누운 풀잎도 허리를 편다
나른한 햇살이 양지바른 언덕에 앉으니
흙속의 씨앗이 자궁을 열고
푸르름이 기지개를 켠다

잠잠하던 산과 들이
일순간 들불처럼 밝아오자
개미떼의 행군에 대지가 들썩인다
세상은 혁명을 꿈꾸기 시작하고
다시 청춘이다.

-「다시 청춘」에서

현실의 긍정과 적극적인 삶은 과거를 과감히 청산하는 작업이 있어야 한다. 시인은 「햇살 눈부신 날」을 통하여 우선 삶을 짓눌렀던 과거를 청산한다. 외부적인 이부자리도 털어내고 내부적인 고뇌의 앙금도 털어낸다. 구겨진 시련도 털어내 낡은 허물을 벗는다. 그리하여 쏟아지는 현재의 눈부신 햇살에 어제를 헹구고 오늘은 다림질 한다고 했다.

이처럼 시적화자는 부조리 했던 과거를 과감히 청산한 현재의 터전에 영원한 청춘을 구가하는 봄의 신화를 세운다. 「다시 청춘」은 봄의 생명력을 보여주고 있다. 시인은 잠잠하던 산과 들이 들불처럼 불을 밝히고 일어서는 봄의 생명력을 혁명이라 했고, 다시 청춘이라 했다.

물론 봄과 청춘은 누구나 수긍할 수 있는 메타포다. 그러나 시인의 이 청춘이란 말은 보다 적극적인 그의 현존에 대한 인식과 연결되어 있다. 시인은 서문에서 "이제 겨우 세 번째 스물을 지났다. 아직 청춘이다. 네 번째 스물이 오면 그때도 청춘이다. 신의 영역에 도전하는 자는 양초날개가 녹아도 다시 태양을 향할 것이다."라고 했다. 그는 세 번째 스물을 맞았어도 노년을 인정하지 않는다. 그의 삶은 영원한 청춘이다. 그래서 시인은 서문의 끝에 "사라진 후에도 찬란할 수 있는 청춘을 살자"라고 했다.

심 시인이 이렇게 지금 여기에 현존하는 실존을 절대적으로 긍정하고 영원한 청춘으로 살고자 하는 정신적 기저에는 어떤 철학이 있는 것일까. 이 부분도 그의 시집 서문에서 잘 보여주고 있다.

> 나의 시지푸스는 산꼭대기에 도달해도 머물기를 거부한다. 산 정상까지 올린 돌을 굴려 내리는 것은 신이 아니다. 시지푸스 스스로 돌을 굴려 내려 또 다시 땀을 흘리며 오르는 것이다. 나에게 천국은 과정이자 스스로 만드는 결과이다. 한계에 부딪혀도 한계에 머물지 않고 한계에 도전하는 순간, 한계는 특권이 된다.
>
> 땀을 흘리며 스스로 천국을 창조하는 자는 영원한 생명이자 젊음이다. 밟혀도 반항하지 않는다면 시체다. 세상이 다 침묵해도 불의에 맞서지 않는다면 초라한 영혼이다. 기꺼이 산 정상을 버리고 돌을 굴려 내리는 시지푸스가 되자.

시지푸스의 신화는 실존주의 철학자 카뮈의 작품을 통해 현대인들의 부조리에 대한 저항의 메시지로 널리 알려져 있다. 인간들은 기대와 달리 무의미하다고 느끼면서도 주어진 그대로 반복하며 살아간다.

카뮈는 인간에게 허위와 기만을 강요하며 인간의 진정한 존재를 부정하는 이러한 부조리와의 투쟁이 진정 인간존재의 책임이고 휴머니즘을 완성하는 본질적 조건으로 보았다. 바로 이러한 인간존재의 실존적 자각이 바로 심 시인의 시적 상상력의 원천이 아니었을까. 그가 현실을 긍정하고 영원한 청춘이기를 바라는 시정신도 바로 거기에 있음을 알 수가 있다. 그리하여 그의 시는 시지프스처럼 무의미하게 신이 굴려 내린 바위를 영원히 밀어 올리는 무의미한 삶이 아니라 아예 시지프스 자신이 신들처럼 돌을 굴려 내리는 주체적인 결단의 삶을 모험하고 있는 것이다.

심장이 터질듯 아가미 헐떡이며
죽기를 각오하고
물 밖에 나온 전설의 파충류가
신들의 산을 기어오른다

용기를 객기처럼 부리는 자도
바람이 갈기를 날리는
금지된 영역에서는
무릎이 꺾인다

신들과 맞 짱 뜰 배짱만이
눈 덮인 산에서도 꽃을 피우듯
미지의 자신을 탐험하는
인생의 베이스캠프

각자가 하나의 산인 것을.

-「베이스 캠프」

평생

헤매다가
마침내 찾았다
자기가
신인 것을

세월이 흐르고
깨달았다
나는
나를
살 것이다.

–「자기 자신」

시「베이스캠프」는 무의미하게 도전하는 시지프스가 아니라 주체적인 행동으로 결단하는 시지프스다. 전설의 파충류나 의식 없이 일상을 살아가는 소시민들은 대개가 신들이 설치해 놓은 프레임에 얽매여 심장이 터질 듯 헐떡이며 생존의 산을 기어오른다. 그러나 그러한 객기로는 결국 무릎이 꺾이는 패배를 경험한다. 결국 신들과 맞짱 뜰만한 주체적 의지가 있는 자 만이 지고한 가치를 획득할 수 있는 것이다. 인생은 산을 오르는 피동적 존재가 아니라 자신이 바로 독자적으로 존재해야 한다는 주체적인 산이기 때문이다.

주체적 행동의 선언은 「자기 자신」에서 더욱 분명해진다. 평생 헤매다가 마침내 자기 자신이 신인 것을 찾았다고 했다. 그래서 나는 나를 살 것이라 했다. 이러한 자세는 시 「독립선언문」에서 "너의 너 다움을 인정하되/내 인생은 나로 살 것이다."나 「시지프스의 반론」에서 "자신의 삶을 소유하는 자 만이/자신의 죽음도 소유할 것이고" 에서도 분명하게 선언되고 있음을 본다.

그런데 인간이 스스로 산다는 것은 신이 정해 준 길을 수동적으로 가는 것이 아니라 능동적으로 가야 하기 때문에 늘 선택이란 문제를 만나게 된다. 그것은 고독하고 불안한 것이지만 또한 자유이기도 하다. 그리고 이러한 자유는 책임이 따르게 된다. 그리고 이러한 선택을 공동체와의 유기적인 관계 속에서 형성된다. 그래서 개인의 삶은 다수의 삶에 참여하는 것이 된다.

개인의 선택은 자신의 삶을 스스로 사는 것이기도 하지만 그것도 인류의 삶에 참여하는 것이며 인류의 삶에 책임을 지는 행위가 되기 때문에 이러한 실존적 자각의 삶은 필연적으로 역사와 현실에도 관심을 갖게 된다. 심 시인의 시에서 정치적, 역사적 현실의 문제가 예리하게 언급되는 것은 이러한 맥락에서 이해할 수 있다.

조국이여
그동안 얼마나 고통을 참았는가
큰 아픔에도 신음소리 한 번 내지 못했단 말인가
그 많은 의사도 병을 고치지 못하고
그 많은 검사도 잘못을 들추지 못했단 말인가
오랜 부정과 부패에 신경이 무뎌졌는가
백주대낮에 그들이 자행하는 일들을 보며
칠흑 같은 어둠으로 침묵하고 있어야만 했는가
핍박당한 백성의 애통함이
이 땅과 하늘에 사무치지 않는가
이 땅의 수많은 아버지 어머니들을
권력아래 고개 숙이게 하고
협박으로 무릎 꿇게 만든 저들이 아니더냐
굴복당한 사람들과 그 가족이 짊어지고 갈

수치와 부끄러움을 생각해 보았는가
간혹 누군가가 용감하게 일어나
불을 밝혔지만
악의 무리는 연약한 불꽃을
어둠속에 밟아버렸구나
모여라, 촛불이여

–「일어나 촟불을 밝히자」에서

진실과 거짓이 뒤섞인 진흙탕 세상에서
인형극의 꼭두각시처럼 팔딱이는 군상들
가증한 혀끝의 사탕발림에 헛된 희망을 품고
스스로 목 조이는 교리의 사슬은 늘어만 간다
세상이 잿빛으로 사그라지는데도
도시는 요란하고 짙은 화장으로
거짓 젊어지고 있다
어디를 보아도 낯설고 방심한 골목 한 구석엔
감추지 못한 피골이 쓸쓸히 방치되어 있다
배부른 창녀는 약탈로 치장하고
진노의 잔에는 독극물이 넘실대지만
생수는 메말라 버렸다
열 냥의 황금으로도
한 잔의 물을 구하지 못해 목은 타 들어가는데
미쳐 날뛰는 증오와 복수는 멈추지 않는다
태풍의 눈처럼 숨어서 침묵하는 비웃음이여
육지를 자르고 바다를 가르고 하늘을 넘나들며
폭군은 백성의 심장과 양심과 믿음까지 부순다
펄럭이는 수많은 별들아
어쩌다가 빛을 잃고 말았는가
정의를 외치던 너의 손은 피로 얼룩졌구나

–「정의 , 그 불의의 모순이여」에서

온 종일 땅을 파 헤치고

논밭에 살충제를 뿌려대니
초원은 더 이상 순하지 않고
소는 독초를 씹으며 복수를 되새김질한다
강물은 순수를 잃고 물고기는 숨을 헐떡인다
사냥꾼은 저인망 그물로 바다 밑을 긁고
바늘을 깊숙이 찔러 피를 뽑아내는 광란에
바다는 구멍이 숭숭 뚫렸다
피를 파는 가난한 영혼에게도
빵 한 봉지 우유 한 컵을 건네건만
더 이상 빨아낼 수 없을 때까지 착취하고
그냥 틀어막는다

－「소돔과 고모라」에서

작품「일어나 촛불을 밝히자」는 2017년 한국의 촛불 혁명을 소재로 한 작품이다. 아무리 조국을 떠난 교민이라 할지라도 조국의 발전과 번영에 대한 기원과 관심을 갖기 마련이며 더구나 지구촌 시대에서 국적이란 큰 의미를 갖지 못한다고 할 때 조국의 현실 정치에 참여는 당연한 일이다. 심 시인의 역사적 현실에 관심은 주로 한국 정치 현실, 미국 정치 현실, 그리고 산업화로 인한 환경오염에 특히 관심을 보이고 있는데 매우 강렬하고 비판적인 시어들로 구성되어 있다. 이 시는 권력의 억압과 부정부패에 대한 비판을 통해 나라가 바로 서기를 바라는 내용이다.

「정의, 그 불의의 모순이여!」는 미국의 이라크 전쟁에 대한 비판의 시다. 전쟁의 참혹함, 그 비정한 비인간화의 실상을 선언적으로 고발하고 있다.「소돔과 고모라」는 그 제목이 암시하듯이 현대문명이 야기하고 있는 환경오염, 생태파괴의 문제를 예리하게 비판하고 있다. 어쩌면 산업화가 저지르고 있는 환경오염이 지구 멸망의 단초가 될지 모른다는 우려를 소돔과 고모라로 표현한 것이라고 하겠다.

이상에서 보듯이 심갑섭 시인의 이번 시집『살아온 날도 살아갈 날도 아닌』은 살아온 과거의 시간이나 살아갈 미래의 시간보다 지금 여기라는 현재의 시간과 공간에서 어떻게 살 것인가 하는 당위적 윤리를 실존적 자각 위에 세우고 있는 진정 지금 여기에 실존하는 시학이다.

그러기에 그의 시는 관습과 권위에 얽매여 수동적으로 살기를 거부하고 신이 굴러 내린 바위를 계속 밀어 올리는 무의미한 부조리를 거부하고 스스로 신이 되어 주체적으로 결단하는 시지프스가 되어 영원한 청춘의 삶을 선언하고 역사적 현실에 참여하여 나와 세계가 함께 구제될 수 있는 휴머니즘의 낙원을 꿈꾸는 예언적 노래가 된다.

심갑섭 시집

살아온 날도, 살아갈 날도 아닌

2020년 4월 10일 인쇄
2020년 4월 15일 발행

지은이 심 갑 섭
펴낸이 신 용 호
펴낸곳 창조문학사

서울 서대문구 가좌로 86 동천아카데미 5층
등록번호 제1-263호
전화 374-9011, Fax 374-5217
공급처 한국출판협동조합 전화 716-5616~9

값 10,000원
ISBN 978-89-7734-765-6